AF309635

ÉTUDE

SUR LES

INSCRIPTIONS ARABES

DES

POIDS ET MESURES EN VERRE

(Collections FOUQUET et INNÈS)

PAR

M. CASANOVA

Communication faite à l'Institut Égyptien dans la séance du 6 Mars 1891

LE CAIRE

IMPRIMERIE NATIONALE

1891

ÉTUDE

SUR LES

INSCRIPTIONS ARABES

DES

POIDS ET MESURES EN VERRE

(Collections FOUQUET et INNÈS)

PAR

M. CASANOVA

Communication faite à l'Institut Égyptien dans la séance du 6 Mars 1891

LE CAIRE

IMPRIMERIE NATIONALE

1891

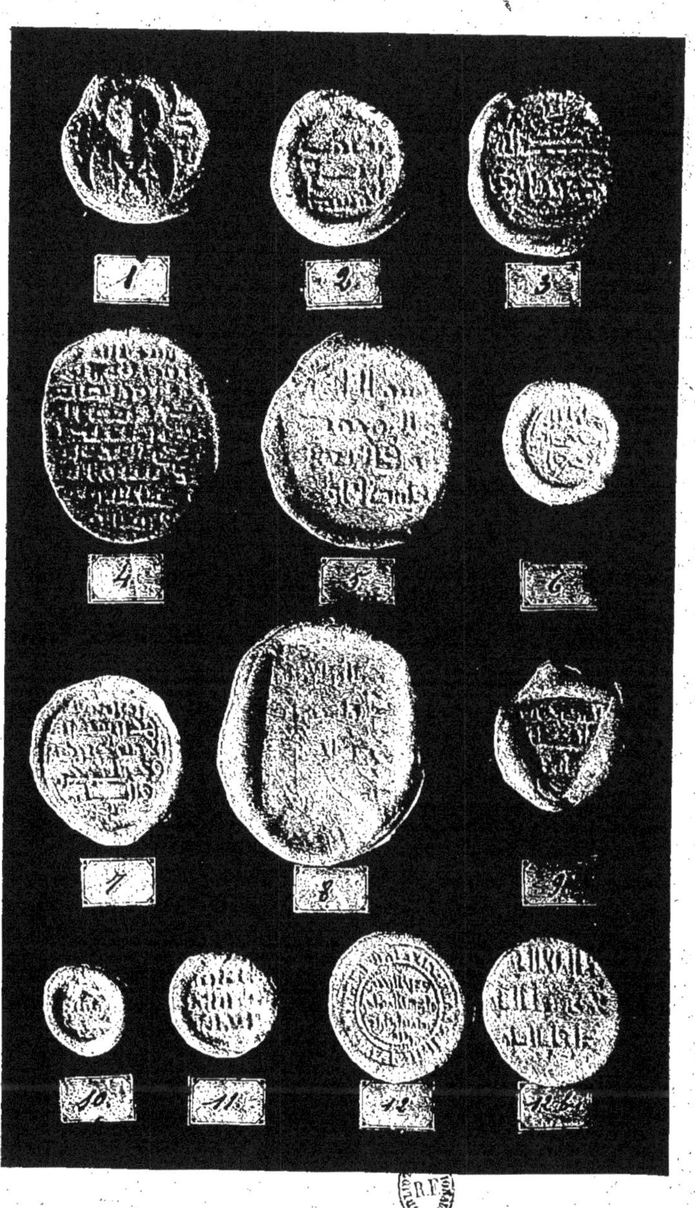

ÉTUDE

SUR LES

INSCRIPTIONS ARABES DES POIDS ET MESURES EN VERRE

(Collections FOUQUET et INNÈS)

———

Le docteur Fouquet, au Caire, a composé depuis quelques années une remarquable collection d'objets relatifs à l'art et à l'industrie arabes, et provenant, pour la plus grande partie, de débris recueillis dans les décombres du Vieux-Caire. Cette collection comprend, entre autres, près d'un millier de fragments de verre portant des inscriptions diverses. La multiplicité de ces fragments permet d'en faire une étude approfondie et d'en tirer quelques éclaircissements précieux pour l'histoire et l'archéologie arabes.

Ces pièces existent dans tous les musées d'Europe et dans beaucoup de collections particulières. Elles ont déjà été décrites dans plusieurs recueils spéciaux. Le premier qui en ait fait une étude précise et exacte est M. Rogers bey (1). Ce savant a éclairé un grand nombre de points et posé les premières bases de cette partie de l'archéologie arabe. Grâce à lui, les premiers pas dans le déchiffrement et l'interprétation des inscriptions m'ont été faciles. M. Sauvaire, dans ses articles si nourris et si précieux sur la numismatique et la métrologie musulmanes (*Journal asiatique* 1879-1884) m'a fourni à profusion tous les renseignements qu'il m'eût fallu chercher, sans son secours, épars dans une foule d'auteurs. Je ne crois pas que cette étude eût pu être entreprise avec quelque fruit avant la publication de l'éminent numismatiste. Enfin la savante préface du *Catalogue des monnaies musulmanes*, de la Bibliothèque nationale, par M. Lavoix, m'a rendu aisée la partie numismatique de ce travail.

———

(1) *Glass as a material for standard coin weights*, et *Unpublished glass weights and measures*

Si, en dehors de ces remarquables ouvrages, j'ai pu recueillir quelques détails nouveaux et intéressants, c'est que le goût éclairé et le flair du collectionneur ont mis à ma disposition un plus grand nombre de documents qui se complètent les uns les autres. *E socio quod non cognoscitur ex re.* M. Innès a bien voulu aussi mettre à ma disposition sa collection de plus de deux cents pièces. Qu'i accepte ici mes remercîments.

Pour ne pas fatiguer mes lecteurs par l'aridité de détails techniques, je n'exposerai ici que les résultats généraux et le commentaire de mon étude. Je réserve pour les savants, que ces détails techniques intéresseront, un catalogue complet de la collection avec la description minutieuse de chaque pièce. Malgré tous mes efforts, bien des points de détail restent obscurs, et, en mettant sous les yeux des hommes compétents tous les documents, je pourrai suggérer, de leur part, de précieuses observations. Le présent travail ne doit donc être considéré que comme une introduction générale à la description cataloguée que je prépare.

J'adopte la classification suivante :

1° Estampilles appliquées sur les bouteilles.

2° Étalons de poids, en forme de médailles.

3° Poids, généralement cubiques ou cylindro-coniques, employés spécialement par les bouchers.

4° Pièces diverses, qui me paraissent avoir une destination religieuse et mystique.

I

La première catégorie présente un intérêt tout particulier. C'est de beaucoup la plus variée et la plus inédite. Rogers n'en a connu que cinq (1), et j'ai pu en étudier plus de deux cent cinquante.

De ces estampilles, les unes portent simplement un signe, un oiseau, une tête, etc., et trahissent une origine byzantine, d'autres des signes et des inscriptions arabes. Leur étude comparative permet de rétablir leur point de départ et, en quelque sorte, leur évolution. Les procédés de l'administration financière des Arabes en Egypte

____

(1) *Unpublished glass weights and measures.*

s'y reflètent avec une certaine clarté. Leur intérèt, en tant que documents historiques, me porte à les étudier en premier lieu.

Je les divise en trois séries :

1ʳᵉ Série.— (Probablement antérieurs à la conquête musulmane), ce sont de purs ornements appliqués aux bouteilles.

2ᵐᵉ Série. — Les Arabes empruntent ces ornements aux Coptes et y ajoutent la formule بسم الله.

3ᵐᵉ Série. — Les ornements deviennent des estampilles officielles, portant l'empreinte d'un cachet, et désignant la mesure de capacité exacte du vase, et, chose assez curieuse, qui semble avoir échappé à Rogers, souvent la nature même de la substance contenue dans le vase. Souvent aussi, de longues inscriptions mentionnent le nom du gouverneur financier de l'Egypte, du khalife, la date, et surtout la mention de l'obligation religieuse à faire des mesures exactes امر الله بالوفاء

Ce simple aperçu permet, si je ne me trompe, de retrouver et d'expliquer tout un côté de l'histoire de la domination musulmane. On y voit, comme pour les monnaies, les Arabes emprunter purement et simplement les procédés de l'empire grec, puis y ajouter les formules musulmanes, puis se les approprier définitivement. Dans sa savante préface, M. Lavoix nous montre cette évolution dans les monnaies. On se convaincra très vite que cette évolution est la même pour ces verres.

Matériellement parlant, le caractère commun de ces objets est de présenter un disque plus ou moins rond avec figures et lettres en relief. Sur la façade opposée on remarque au bord une cassure et au centre un renflement. Rogers a fort bien montré que ce renflement provient de l'application de l'estampille sur le goulot de la bouteille. L'estampille, fabriquée à part, était appliquée sur le verre maintenu à l'état de demi-fusion. La pression a naturellement refoulé la partie du goulot adhérente à l'estampille. Quelques fragments sont assez complets pour qu'on aperçoive une grande partie du goulot et du corps même de la bouteille. Il suffit de voir ces fragments pour n'avoir aucun doute sur le procédé.

Parmi les pièces de la première série, je signalerai un oiseau avec une queue aux plumes recourbées, semblant tenir un serpent dans son bec. Les pattes sont également ornées de lignes recourbées qui représentent peut-être des flammes. Serait-ce une réminiscence du phénix? On trouve en ronde bosse des têtes de lion, des têtes d'homme, etc. Deux pièces surtout semblent d'un travail gréco-romain : 1° Un amour tendant son arc ; 2° une tête à profil d'empereur romain Autour de la première est une inscription complètement effacée. La seconde semble porter également une inscription. La lettre majuscule A paraît assez distincte.

Je n'insiste pas sur ces pièces. Je me contente de les signaler comme les prototypes des pièces arabes.

La deuxième série ne présente qu'une pièce, mais fort curieuse.

Buste, tête nimbée ; bandelettes croisées sur la poitrine ; les bras semblent indiqués par deux renflements latéraux rayés, collés au corps. A droite du buste : بسم à gauche : الله

La collection Inès a une pièce d'un travail beaucoup plus fin, qui rentre dans cette série.

Mouflon aux grandes cornes recourbées au-dessus de la tête, passant à gauche. Le nom de الله est écrit deux fois. Je crois lire la formule :

بسم الله ربي الله

Au nom de Dieu, mon maître est Dieu,

formule que nous retrouverons dans d'autres pièces.

Le procédé des conquérants musulmans est évident. Ils ont adopté cet ornement en ajoutant la formule religieuse. Semblable fait s'est passé pour les monnaies des premiers khalifes, et, au témoignage des historiens arabes et byzantins, a provoqué une guerre (LAVOIX, *préface*).

En passant, je remarquerai que les musulmans de cette époque ne paraissent pas avoir cette répulsion pour les objets figurés qu'on attribue, sans fondement d'ailleurs, au Coran. Je rappellerai seulement, à ce sujet, l'opinion de S. Bernard, qui, étudiant les monnaies arabes à figures, conclut ainsi : « L'aversion pour les figures est plutôt une opinion particulière ou une maxime des docteurs et des interprètes de la loi, qu'une loi formelle et obligatoire (1). » J'ajoutera qu'au temps des croisades, ce sont les Turcs Seldjoucides, les Ortokides, les Zenguides, c'est-à-dire les ennemis les plus acharnés des infidèles, qui leur empruntaient les figures qu'on voit sur leurs monnaies. Ils étaient loin, je pense, de voir dans la reproduction de ces figures une dérogation aux dogmes de l'Islamisme. Ce préjugé étant fort répandu aujourd'hui, il serait utile de le combattre et de le ruiner définitivement, mais ce serait sortir de mon sujet.

Je passe à la troisième série, qui comprend la majeure partie des estampilles.

On y remarque, d'abord, une double ligne courbe, assez semblable à notre virgule, qui coupe souvent et déforme les lettres de l'inscription. C'est pourquoi je suis porté à y voir une sorte de cachet appliqué sur l'estampille quand la mesure était reconnue exacte. Ce qui rend vraisemblable mon hypothèse est l'institution d'une maison de contrôle, دارالعيار, dont nous parle M. Sauvaire, d'après Makrizi et Ibn Mamàty (J.A., août, sept. 1886, p. 248). « C'est là seulement que se vendaient les poids, les balances et les mesures de capacité. Tous les marchands se présentaient à l'hôtel du contrôle, sur l'invitation du moḥtaseb, munis de leurs balances, poids et mesures de capacité, qui étaient contrôlés en un instant. S'il s'en trouvait de défectueux, on les détruisait; le propriétaire était obligé d'en prendre d'autres ajustés dans cet hôtel et d'en payer le prix. Dans la suite, on se relâcha de tant de rigueur : le propriétaire d'une balance ou de poids défectueux ne fut plus tenu que de les faire rajuster et d'acquitter seulement le coût de la réparation. » Je pense donc que ces estampilles étaient fabriquées en cet hôtel et appliquées officiellement sur les bouteilles. Ce cachet serait la marque officielle. Les musulmans tenaient essentiellement à l'exactitude des poids et mesures, conformément au Coran. On retrouve sur des poids la formule empruntée à la Sourate. XXVI, vers 181 :

اوفوا الكيل ولا تكونوا من الخسرين

Ayez des mesures exactes et ne soyez pas du nombre des prévaricateurs.

Je ne serais pas éloigné de voir, d'ailleurs, dans cette institution du دارالعيار une mesure fiscale, les gouverneurs financiers de l'Egypte ayant toujours, on le sait, multiplié les inventions ingénieuses de ce genre.

(2) *Description de l'Egypte*, XVI, p. 32 52e (édition).

Les estampilles de la première série se divisent naturellement en plusieurs subdivisions, que je désigne par les lettres de l'alphabet.

A. Simple mention de l'exactitude الوفاته ou الوفاته. Deux de ces pièces portent un croissant. Ce croissant se retrouve souvent. Est-ce un emblème d'exactitude ? Est-ce un emblème religieux comme aujourd'hui ? Je ne sais. Des signes énigmatiques se retrouvent souvent dans ces verres, à côté des lettres arabes.

B. Mention de la mesure. L'expression consacrée est القسط qui a le sens de mesure exacte. (Coran VI. 53 et XI. 86) et qui désigne aussi une mesure de capacité déterminée. On trouvera dans l'ouvrage de M. Sauvaire les détails relatifs au قسط

Nos inscriptions donnent :

ربع القسط	« quart du kist »
نصف القسط	« demi-kist »
قسط واف	« kist exact »
ربع قسط كبير	« quart de grand kist »
نصف ربع قسط كبير	« demi-quart de grand kist »

Quelquefois il est dit que la mesure est pour l'huile قسط زيت فيه *un kist d'huile (est) dans cela.* On remarque aussi l'inscription : وقيه دهن *once de graisse.*

Cette particularité nous amène à la formule particulière de la troisième subdivision.

C. Les inscriptions sont composées du mot مكيلة mesure de capacité suivie du nom de substance. Quelques-uns de ces mots, bien que lisibles, m'échappent. Les difficultés de l'écriture, dite koufique, jointes à l'insuffisance des dictionnaires, ne m'ont pas permis d'en établir la traduction même hypothétique.

Je signale seulement les lectures certaines.

مكيله جلجلان أبيض	Mesure de coriandre blanc.
مكيله جلجان مقسى	» » » du Meqs.

(Le Meqs était l'ancien port du Caire). Peut-être faut-il lire مقشر « écorcée ».

مكيلة كمون أبيض	Mesure de cumin blanc.
» » اسود	» » » noir.
» » عدس أحمر	» » lentilles rouges.

مكيلة عدس مقسى ou مقشر	Mesure de lentilles du Mex écorcées.
» جلبان مقسى	» » pois chiches du Meqs ou écorcés.
» حمص »	». » » » »
» بسله »	» » petits pois » ﭜ
» خوخ	» » de pêches ?
» أبس	» » de dattes ?
» ترمس (très-fréquent)	» » de lupins.
» النبيذ	» » du nebid (vin de dattes) ?

On voit que la mention de substances sèches et liquides est précise. Ceci nous rappelle un passage du Sefer Nameh, relation de voyage d'un Persan au v⁰ siècle de l'Hégire (1) : « Dans le bazar, les baqqals, les droguistes et les quincailliers fournissent eux-mêmes les verres, les vases en faïence et le papier qui doivent contenir ou envelopper ce qu'ils vendent. Il n'est donc pas nécessaire que l'acheteur se préoccupe de ce qui doit contenir ce qu'il achète. » Evidemment Nassiri Khosrau fait allusion à ces vases qui mentionnent le contenu. L'industrie du verre a toujours été florissante en Egypte, comme l'atteste ce même Nassiri Khosrau. Le verre devait donc être d'une fabrication très commune et très peu coûteuse. La multiplicité des débris qu'on trouve encore en est une preuve incontestable.

D. Dans cette quatrième subdivision sont les pièces d'une valeur historique, portant les noms des administrateurs financiers de l'Égypte. Le gouvernement de l'Égypte امر مصر comprenait, en effet, deux fonctions distinctes : الصلاة والخراج la prière et l'impôt. Aboul Mahasen, dans son *Histoire de l'Egypte* (2), manque rarement de nous avertir quand l'émir réunit les deux fonctions, ce qui est généralement le cas, et de nommer le gouverneur spécial des finances s'il y en a un عامل الخراج. Cette division des deux fonctions paraît ne s'être produite que vers la fin du II⁰ siècle de l'Hégire, avec Ousamah ibn Zeïd, qui s'illustra par ses inventions fiscales. Elle se maintint pendant une trentaine d'années, de 96 à 124. Après cette période, les

---

(1) SEFER NAMEH. *Relation du voyage de Nassiri Khosrau en Syrie, Palestine, Egypte, etc.* (tr. Schefer, p. 153.)

(2) ABOUL MAHASEN IBN TAGRI BARDI النجوم الزاهرة (éd. Juynboll. 2 vol.)

émirs du Caire réunissent, sauf quelques rares exceptions, les deux
fonctions. Sous quelques khalifes, cependant, l'administration des
finances leur est retirée, sans doute par suite des révoltes perpé-
tuelles que leurs exactions soulevaient, et les khalifes percevaient
directement les impôts. Ce fait, attesté par Aboul Mahasen (I p. 661),
est confirmé par nos estampilles qui portent, en effet, le nom du
khalife à des époques où Aboul Mahasen ne mentionne pas le nom
des gouverneurs spéciaux des finances. Cette substitution du nom
des khalifes à celui des émirs se produit pour El-Mahdi, El-Mansour,
El-Motasim, El-Wâthiq, El-Motawakil.

Voici, par ordre chronologique, les noms que je relève :

1° الامبرقرة Qarrah ibn Choraïk, fut gouverneur d'Egypte de 90 à 96;

2° اسامةبنزيد Ousamah ibn Zeïd, fut le premier administrateur
spécial des finances. Il se rendit odieux par ses exactions (cf. MARCEL.
Histoire d'Egypte, p. 35). C'est à lui qu'on doit le meqiàs de l'île
de Roudah. Je ne serais pas étonné qu'il eût été l'inventeur de cet
hôtel du contrôle, où toute mesure inexacte était brisée et rem-
placée par une mesure officielle aux frais du marchand.

3° حيانبنشريح Hiyân ibn Charaïh fut gouverneur des finances
sous Omar ibn Abd Alaziz. Aboul Mahasen ne nous le nomme pas,
mais un passage de Makrizi (I p. 77) nous informe qu'il fut chargé
par le khalife de régler la capitation des Coptes. Celle-ci diminuait
avec la population. Omar ordonna que les morts paieraient comme
s'ils étaient vivants.

Une des pièces de cet émir porte l'inscription que je lis ainsi :

أمر حيان بن شريح مكيلة عدس حلبى مخصوص

Ordre de Hiyân ibn Charaïh, mesure de lentilles d'Alep grillées.

Le village d'Alep (1) était situé entre le Caire et Fostât. Les
lentilles d'Alep étaient sans doute fort estimées comme les légumes
du Meqs. Si ma lecture est exacte, ce village existait au 1er siècle
de l'Hégire, mais je répète que les caractères (bien que particulièrement bien écrits sur cette pièce) ne peuvent pas toujours
être déterminés avec précision. La dernière lettre peut être un
ر un ن ou un ك, le ل seul est certain.

(1) Makrizi. II, 23.

4° عبيد الله بن الحجاب Obeïd Allah ibn el Habhab fut un personnage important. Il administra les finances de l'Egypte de 106 à 114 et eut assez de crédit pour faire révoquer un gouverneur qui lui déplaisait (Aboul Mahasen, I p. 293). Il ne quitta les finances d'Egypte que pour prendre le commandement important de l'Afrique أفريقية c'est-à-dire des provinces du nord de l'Afrique, et il laissa comme successeur son propre fils. Les pièces portant son nom sont les plus nombreuses. Elles ont presque toutes la mention du قسط زيت واف

5° القاسم بن عبيد الله, fils du précédent, ne joua pas un rôle aussi considérable, mais resta plus longtemps encore que son père dans son poste (114 à 124). Aboul Mahasen ne le mentionne pas, mais Makrizi lui a consacré quelques lignes (1).

Son nom se trouve assez fréquemment, et est accompagné des inscriptions les plus complètes. J'en citerai une pour donner une idée de la signification particulière qu'on devait attacher à ces estampilles :

بسم الله

أمر الله بالوفا فأمر بصنعة ربع قسط القاسم بن عبيد الله على يديز يد ابن أبي يزيد سنة اثنين وعشرين ومئة

Au nom de Dieu !
Dieu a ordonné l'exactitude, donc El-Kâsim, fils d'Obeïd Allah, a ordonné la confection d'un quart de kist. Par les mains de Yezid, fils d'Abou Yezid, année 122 (3).

6° حفص بن الوليد Hafs ibn El-Oualid, fut gouverneur trois fois. C'est lui qui, en 108, se brouilla avec Obeïd Allah, et, sur les plaintes de celui-ci, fut révoqué. La seconde fois, en 124, il réunit la prière et les finances ; il succéda donc pour la seconde fonction à El-Kâsim. Sous son successeur à l'émirat (126), la distinction fut reprise et les finances données à :

7° عيسى بن أبى عطا Isâ ibn Abou Athâ, qui est mentionné par Aboul Mahasen. Il a dû conserver son poste jusqu'à la nomination d'Abd-el-Malik ibn Merwan, qui réunit les deux fonctions en 132, pendant un temps d'ailleurs très court. C'était l'époque où les Abassides enlevaient l'empire musulman aux Ommiades.

(1) I. 208 ch. du village de Tersa.
(2) Plusieurs pièces portent la mention قسط ا راوف. Est-ce une altération de la formule ordinaire قسط واف

8° عبدالملك بن مروان Abd-el-Malik ibn Merwan avait d'abord eu les finances (Aboul Mahasen I. 350) ; la date de son administration financière serait donc un peu antérieure à 132. Il disparut dans la ruine des Ommiades.

9° صالح بن علي العباسى Sàlih ibn Ali, l'Abasside, était le propre fils d'Es-safàh Aboul Abbas, le premier khalife abasside. Il ne resta d'abord que six mois, et fut remplacé par :

10° أبو عون بن عبدالله Abou Aoùn ibn Abdallah, ainsi nommé par Aboul Mahasen (I p. 361), qui ajoute وقيل عبدالملك بن يزيد nos inscriptions donnent en effet le nom d' عبدالملك بن يزيد. Il n'est pas douteux que ce soit le même que أبو عون et, par conséquent, que la seconde opinion, donnée par l'historien arabe, ne soit la vraie. L'émirat de أبو عون alterna avec celui de صالح. Tous deux réunirent d'abord la prière et les finances. Toutefois Aboul Mahasen mentionne un gouverneur spécial des finances, dont le nom manque dans la collection que j'étudie. C'est la seule lacune à signaler de 90 à 136 environ.

11° موسى بن يعب Mousa ibn Kaab à la prière et les revenus, pendant l'année 141.

12° محمد بن الاشعب Mohamed ibn El Achâb, également pendant l'année 141.

13° يزيد بن حاتم Yezid ibn Hâtim, également de 145 à 152. Après lui, Aboul Mahasen, en mentionnant les gouverneurs, dit seulement que le khalife les prépose « à la prière », sans ajouter, suivant son habitude « aux revenus ». Le khalife régnant alors était El-Mansour, second khalife abbasside (136-158). Effectivement, le nom de ce khalife se trouve, à l'exclusion de tout autre nom, sur un grand nombre des pièces diverses que nous étudions. Mais, comme sur les monnaies (cf. LAVOIX, *Catalogue des monnaies musulmanes*), il s'intitule simplement عبدالله عبدالله أميرالمؤمنين. Le serviteur de Dieu Abdallah, chef des croyants. L'exemple des monnaies et la concordance des faits avec le silence d'Aboul Mahasen ne laissent pas de doute sur l'attribution de ce nom à El-Mansour. D'ailleurs, cette absence de gouverneurs continua quelque temps sous son successeur El-Mahdi (158-169), et le nom d'El-Mahdi se trouve également, comme nous le verrons, non sur les estampilles, mais sur des étalons de poids.

Il faut donc conclure qu'El-Mansour et El-Mahdi ont été leurs propres gouverneurs des finances pendant quelques années, et je les inscris dans la liste.

14° عبدالله عبدالله (المنصور) أميرالمؤمنين El-Mansour (152-158).

15° المهدى محمد أمير المؤمنين El-Mahdi (158-161). (Après 161 Aboul Mahasen attribue, de nouveau, aux gouverneurs les deux fonctions).

16° واصح مولى المنصور Wâdhih, client d'El-Mansour, est appelé dans nos inscriptions مولى أمير المؤمنين ; la variante n'a rien de surprenant. Il réunit les finances et la prière pendant quelques mois (162).

17° يحيى بن داود Tahia ibn Dâoûd n'est pas mentionné sur les estampilles, mais sur les poids (voir plus bas); a la prière et les revenus de 162 à 164.

18° (أبو قطيبة) اسمعيل بن ابراهيم (Abou Koteïba) Ismaïl ibn Ibrahim fut administrateur spécial des finances, de 164 à 165.

19° ابراهيم بن صالح Ibrahim ibn Sâlih, réunit les finances à la prière, se signala par un redoublement d'impôts et souleva les populations (165-167).

20° موسى بن عيسى Mousa ibn Isa, les finances et la prière, en 171 et plus tard en 174.

21° اسحاق بن سليمان Ishac ibn Soleïman, également (177-178), non mentionné dans les estampilles (v. plus bas).

22° مالك بن دلهم Mâlik ibn Dalilam, également (192) mentionné sur les poids seulement.

23° موسى بن أبى العباس Mousa ibn abou El-Abbas (mentionné sur un poids). Il eut d'abord les finances avec les prières, puis les finances lui furent retirées en 229. C'est sous son successeur qu'Aboul Mahasen (1) nous explique le système suivi dès lors par le khalife : *Les revenus étaient pour le khalife ; il y désignait qu'il voulait pendant ces années-là.* وكان الخراج للخليفة تولى من شاء فى هذه السنين. C'était sous le règne du khalife El-Motasim. A partir de ce moment, Aboul Mahasen ne mentionne plus la réunion des finances jusqu'en l'année 235. On peut conclure de ce silence que cette pratique fut suivie par les successeurs d'El-Motasim, à savoir : El-Wathiq (227-232) et El-Motawakil, jusqu'en 235. Effectivement le nom de ce

____
(1) I p. 661.

dernier se trouve sur nos estampilles, et le nom d'El-Wâthiq, avec
tous ses titres et la date de 228 (1) sur un poids de la collection
Innès. De même sur un poids de la collection Fouquet, le nom
d'El-Motasim (2). On voit que deux fois le silence d'Aboul Mahasen
concorde avec l'apparition du nom des khalifes. La première fois,
Aboul Mahasen ne dit pas que les khalifes se réservent spécialement
les finances. Les circonstances paraissent cependant les mêmes, et
la série de nos inscriptions autorise évidemment à prêter à El-
Mansour et à El-Mahdi la même pratique qui nous est attestée chez
El-Motasim et ses successeurs. D'ailleurs, sous El-Mansour, le même
historien nous conte une anecdote curieuse qui prouve les préoccu-
pations du khalife au sujet des finances d'Egypte et de leur percep-
tion (3).

L'émir des croyants Abou Djafar El-Mansour le préposa (Mohamed
ibn el Achab) a la prière et a l'impôt... et lorsqu'il eut affermi ce
Mohamed ibn el Achab dans le gouvernement de l'Egypte, le
khalife Abou Djafar El-Mansour fit dire à Noufil ibn Elfrât d'offrir
à Mohamed ibn el Achab la fermé de l'impôt : *S'il accepte, sois
témoin et réquiers des hommes pour témoigner, s'il refuse, tu
seras à la tête des impôts, à ton habitude.* Noufil présenta ces
instructions à Mohamed, qui réfusa la ferme. Alors Noufil fut
transféré aux *divans* (4). Mohamed remarquant l'absence des
gens de son entourage s'informa d'eux On lui répondit: Ils sont
chez le Ministre des *divans*. Ibn Achab se repentit alors de ce qui
lui arrivait par l'abandon de l'impôt.

ولاه أمير المؤمنين أبو جعفر المنصور على الصلوة والخراج . . . . . .
. . . .
ولما استقر محمد بن الاشعب هذا فى امرة مصر أرسل الخليفه أبوجعفر المنصور الى
نوفل بن الفرات أن يعرض على محمد بن الاشعب ضمان خراج مصر فان ضمنه فاشهد عليه
واشخص الى الشهادة وان أبى فكن أنت على الخراج عادتك فعرض نوفل على ابن الاشعب
هذا الكلام فأبى من الضمان فانتقل نوفل الى الدواوين ففقد محمد بن الاشعب من عنده
فسأل عنهم فقيل له هم عند صاحب الدواوين فندم ابن الاشعب على ما وقع منه من ترك الخراج

(1) Ce 8 est douteux ; mais on lit très clairement عشرين ومائتين

(2) Nous remarquons, cependant, que pour El-Motasim seulement, le nom de l'émir se
trouve aussi indiqué (voir plus loin, p. 110.

(3) I. 382.

(4) Les divans sont les registres de la comptabilité.

Malgré les obscurités de ce texte, on voit clairement la méfiance d'El-Mansour et les garanties qu'il exigeait. Quand l'historien ne mentionne plus de préposé aux finances, c'est qu'El-Mansour en a pris l'administration directe, comme le feront, un siècle plus tard, certains de ses successeurs. Ce petit point d'histoire me paraît acquis.

J'ajoute donc à la liste des gouverneurs des finances nommés par nos inscriptions :

24° (poids) أبو اسحق الامام المعتصم بالله أمير المؤمنين (El Motasim) 220-227.

25° poids (1) عبد الله أبو جعفر هرون الواثق بالله امير المؤمنين (El-Watiq). 227-232.

26° المتوكل على الله أمير المؤمنين (El-Motawakil) 232-235.

Les estampilles ne portent pas d'autres noms ; Les poids nous en fournissat quelques autres, que nous mentionnerons.

Telles qu'elles sont, elles offrent un petit tableau intact, en quelques parties, de l'administration musulmane. Ce tableau nous mène, sauf deux ou trois lacunes légères de 90 à 167 et de 220 à 235. Les hasards des fouilles me permettront peut-être de le compléter encore. D'ailleurs quelques noms d'émirs inconnus, que je n'ai retrouvés ni dans Makrizi, ni dans Aboul Mahasen, apparaissent sur ces inscriptions. On les retrouvera peut-être dans quelque autre document historique. Sauf ces quelques noms, on remarquera qu'il y a accord complet entre les renseignements fournis par les historiens et les inscriptions. C'est toujours une bonne fortune de pouvoir contrôler les livres par les documents authentiques, et c'est double satisfaction de les vérifier les uns par les autres.

D'autres pièces, sans nul doute, doivent être rangées dans la subdivision D. La formule est la suivante :

بسم الله أمر آل محمد بالوفا ربع قسط واف

Au nom de Dieu !
La famille de Mohamed a ordonné l'exactitude
quart de kist exact.

Après ربع on remarque un signe énigmatique.

Qui peut s'intituler la famille de Mohamed et substituer, dans une formule consacrée, son propre nom à celui de la Divinité? Il ne peut y avoir de doute là-dessus. Il s'agit évidemment des Fatimides,

(1) Collection Innès.

qui se disaient issus du Prophète par sa fille Fatima, et, d'après les
doctrines des Ismaëliens qu'ils professaient, se considéraient comme
les incarnations de la Divinité. C'est, si je ne me trompe, un phéno-
mène assez insolite que cette inscription impie, qui semble dire
assez ouvertement qu'Allah et le Fatimide n'est qu'une seule et
même personne. Je ne crois pas qu'aucun historien ait fait mention
d'un tel fait, qui n'a, d'ailleurs, pour les personnes au courant des
doctrines fatimides, rien de bien surprenant.

Outre l'intérêt historique de ces pièces, je dois signaler ce fait,
qui me servira plus tard, que le nom des Fatimides ne se trouve pas
dans ces inscriptions, mais qu'il est simplement représenté par cette
formule insolite. J'insiste, parce que j'aurai occasion d'attirer de
nouveau l'attention du lecteur sur cette particularité.

Spécialement, je signale l'inscription suivante :

بسم الله أمر آل محمد بالوفاء نصف رطل دهن واف

Au nom de Dieu !
Dieu a ordonné l'exactitude. Demi-ratl de graisse exact

Elle est à rapprocher de l'inscription simple (voir page 93) وقية دهن
Au terme de mesure de capacité est substitué un terme de poids, et
les deux fois il s'agit de graisse. Cette particularité méritait d'être
signalée en passant.

E. Les pièces de la cinquième subdivision n'offrent aucun intérêt
spécial ; elles portent le nom du fabricant précédé ou non de l'expression على يدى « par les mains de..... »

II

La seconde partie a été étudiée, et d'une manière définitive, par
Rogers. Je me contenterai donc de résumer ses travaux, en n'y
ajoutant qu'un très petit nombre de détails nouveaux.

Ces pièces, considérées jusqu'ici comme des monnaies, sont des
poids ou, pour plus exactement parler, des étalons de poids. Sans
revenir sur la discussion de Rogers, j'alléguerai pour l'édification du
lecteur deux arguments décisifs.

Le premier est une découverte, faite au Fayoum, par Rogers bey
lui-même. « Les poids trouvés étaient contenus dans une boîte en bois

à deux compartiments, dans l'un desquels étaient des poids en acier et dans l'autre des poids en verre. Parmi ces derniers, le plus récent porte l'empreinte : Au nom de Dieu, El-Moqtader, commandeur des croyants ; poids d'un demi-dînar (wâfi) (de plein poids (1) ; tous donnent pour le dînar 4 grammes 26 et jusqu'à 4.28976... On peut conclure, si je ne me trompe, de l'existence de deux compartiments, l'un contenant les poids en acier sur lesquels il n'est fait mention que du derham, et l'autre les poids en verre, qui portent, au contraire, le mot dînar (exprimé ou sous-entendu), que les premiers servaient à peser les monnaies d'argent et les derniers, les monnaies d'or. » (Sauvaire F. A., avril-juin 1884, page 445, note).

Le second argument est un texte d'Eddamîry, relevé, pour la première fois, par le même savant, traduit par M. Sauvaire et cité par M. Lavoix dans sa préface (p. XXIV). Je le résume ici : Les khalifes ommiades employaient les pièces d'or byzantines. Y ayant gravé des formules musulmanes, Abd-el-Melik s'attira les représentations de l'empereur de Constantinople, qui le menaça de frapper des pièces avec insultes à l'adresse de l'islamisme. Abd-el-Melik, inquiet, demanda conseil à Mohamed Ibn Aly, célèbre alors par sa science, qui lui parla ainsi : « Tu vas convoquer à l'instant même des ouvriers qui battront devant toi des coins pour les derhams et les dînârs, sur lesquels tu imprimeras la formule de l'unité de Dieu ainsi que la mention de l'apôtre de Dieu ; la première sur l'une des faces du derham et du dînâr, la seconde sur l'autre face ; en marge du derham et du dînâr, tu mentionneras la ville et l'année où ces pièces auront été frappées. Ordonne de peser trente derhams appartenant en nombre égal aux trois sortes qui pèsent, l'une dix metqâls les dix, l'autre six metqâls les dix, et la troisième cinq metqals les dix ; le poids total sera de vingt et un metqâls. *Tu fondras des dénéraux (sandjat) de verre (qawarir), lesquels ne seront susceptibles ni d'augmenter ni de diminuer, et tu frapperas alors les derhams au poids de dix (metqâls) et les dînars au poids de sept metqâls »*.

---

(1) La collection Fouquet possède un verre absolument semblable, où j'avais lu aussi « El-Moqtader », mais le mot écrit de la même manière est suivi sur d'autres pièces de محمد. J'ai donc préféré lire المهدى le ت d' المقتدر n'étant pas marqué et le ه pouvant, dans cette écriture se confondre parfaitement avec le ه sans points.

Le doute n'est plus permis à ce sujet. Rogers et M. Lavoix ajoutent à ces renseignements la preuve que cet usage même d'étalons en verre était emprunté aux Grecs. Je laisse la parole à M. Lavoix (op laund. p. XLV).

« Le poids légal du dinar et du derham était déterminé à l'aide de dénéraux de verre, qui, par leur matière, n'étaient susceptibles ni d'augmentation ni de diminution, et dont Mohammed ben Aly, lors de la réforme d'Abdel Malek avait conseillé l'emploi au khalife. Un texte d'El-Damiry nous le dit ; des monuments nombreux le prouvent. Par fortune le cabinet des médailles possède un de ces sandjats qui porte le nom du khalife réformateur de la monnaie : Abdallah Abd-el-Malik, émir el Moumenim. Rien dans la légende, il faut bien le dire, n'autorise à penser que nous ayons là un poids, mais ce dénéral pèse 4 grammes 50 et les dinars d'Abd-el-Malek — je parle de ceux à effigie du khalife de l'an 76 et de l'an 77 — sont du poids de 4 grammes 48 le premier, et de 4 grammes 41 le second il est un peu usé. Nous sommes en droit de conclure, après ce rapprochement, que nous possédons l'exagium du dinar.

« Les sandjats que nous connaissons, et en assez grand nombre vont nous renseigner avec plus de sécurité encore. S. E. Rogers a étudié ces curieux documents dans un excellent travail de classement... Je ferai observer seulement que l'emploi de l'exagium en verre est emprunté par les Arabes aux Byzantins. L'administration de la monnaie musulmane s'est conformée aux usages de l'administration de la monnaie grecque : elles s'expliquent l'une par l'autre.

« Rogers nous a donné le dessin de deux tessères de verre byzantines, dont l'une présente un monogramme que je ne puis déchiffrer, l'autre le monogramme cruciforme du nom propre ΙΩΑΝΝΟΥ. La première est du poids exact d'un sou d'or ; la seconde d'un semis. La qualité des personnages n'est pas désignée sur cette tessère, qui est évidemment un poids.

« Mais le cabinet des médailles possède un verre de moindre dimension et qui porte en légende circulaire : ΕΠΙ ΙΩΑΝΝΟΥ ΕΠΑΡΧΟΥ Les lettres sont de l'époque d'Héraclius ; je serais porté à croire que ces deux pièces appartenaient à Jean qui était gouverneur d'Egypte pour cet empereur au moment de la conquête arabe. »

Ce préambule, un peu long, était nécessaire pour justifier la clas_
sification que j'adopte pour ces pièces de la seconde catégorie.

Première série. — Poids-étalons de l'époque gréco-romaine:

1° Deux pièces, l'une en verre blanc, l'autre en verre légèrement
bleu (une troisième, en verre blanc, appartient à M. Innès).Ces
pièces rappellent un pièce décrite par Longpérier. Elle a été
donnée au Louvre. Voici la description du savant archéologue :

« Buste d'Isis tourné à droite ; la tête de la déesse est surmontée
des cornes de vaches et d'un globe ; de la main gauche elle tient un
vase à libation.

« *Revers* : Buste barbu du Nil tourné à droite ; le dieu tient un
roseau ; une corne d'abondance est placée près de son épaule.

« Verre blanc. — Le bord du coin a touché le verre en avant de
la tête d'Isis, alors que le flan était encore chaud et y a imprimé
une double ligne courbe qu'il ne faut pas confondre avec le type.

« On remarque que sur de petits bronzes du nome de Memphis, le
buste d'Isis figure au revers de la tête d'Adrien. Le module de ce
verre rend l'analogie frappante et nous pensons que sa fabrication
remonte aussi au second siècle. » (LONGPÉRIER, *Œuvres*, II, p. 513).

2° Disque plat sur une face; sur l'autre un bourrelet circulaire et
sur le fond plat, en relief, buste au-dessus d'un monogramme cruciforme ; autour : IVSTINIANVS P P AV IOH, que je lis ainsi :
JUSTINIANUS. Pater.Patriœ. AUgustus. IOHannès.Le dernier nom
serait ainsi le nom du gouverneur.

3° Disque semblable ; au centre un buste, inscription effacée tout
autour.

4° Disque plat sur une face ; sur l'autre, tête de femme, à coiffure
épaisse encadrant le visage, en ronde bosse.

Ces cinq pièces rentrent évidemment dans la catégorie des
exagiums en verre. J'en donne ici les poids :

1° Verré à tête d'Isis (verre blanc), 1 g. 74 ;
      id.   (verre bleu), 1 g. 93 ;
2° Verre de Justinien (verre bleu très foncé, presque noir), 4 g. 27;
3°   ?   id.   4 g. 01 :
4° Verre à tête de femme (vert, émail blanc écaillé), 12 g.85 ;

Deuxième série. — Derhams, dînars et demi-dînars, avec le nom
d'un gouverneur, souvent effacé. Je mentionne ceux qui sont
entiers, avec leur poids.

1° Pièce en verre bleu très foncé, rappelant celle de Justinien — portant l'inscription suivante : Abdel Melik, an 77 عبد الملك سنة سبع وسبعين poids 6 gr. 05. Faut-il y voir un de ces dénéraux frappés sur le conseil de Mohamed ibn Aly ? Le derham, si l'on se rappelle, devait peser dix metqâls, le dînar six. Si le calcul de M. Lavoix est juste, le dénéral pour le dinar d'Abd-el-Malek pèserait 4 gr. 50, ce qui donne pour le metqal environ 0 gr. 65, et pour le derham 6 gr. 50. L'usure de notre pièce a dû en diminuer le poids. L'hypothèse est donc séduisante. Mais je signalerai deux objections : 1° Abd-el-Malik n'y porte pas le titre d'émir el Moumenim ; 2° un grand nombre de pièces semblables portent un nom propre comme Mohammed, Omar, etc. et une date. Dans la collection Innès, l'une donne سنة خمسة الفلاح El Fellah, année cinq. Il est manifeste que ce n'est pas l'année cinq de l'Hégire, mais suivant une habitude connue l'année cinq d'un siècle quelconque de l'Hégire. Le nom El-Fellah est, vraisemblablement, celui d'un fabricant. N'y aurait-il donc entre le nom d'Abd-el-Malek et la date 77 qu'une coïncidence fortuite ? En tout cas, je n'adopterais que sous toutes réserves l'hypothèse que nous avons sous les yeux le derham primitif d'Abd-el-Malik.

2° Dirhem des Fatimides بسم الله أمر آل محمد مثقال درهم ثلثه عشر خروبه « Au nom de Dieu ! Ordre de la famille de Mohamed. Metqâl de dirhem de 13 kharoubats ». Poids : 2 gr. 50.

Le terme de metqâl est pris ici dans le sens de poids. La kharoubat pèse d'après cela 0 gr. 172. C'est, en effet, la moyenne que nous trouverons presque toujours. (Sur le dirhem, voyez les renseignements fournis par M. Sauvaire. Je renvoie à lui pour tous les détails sur les termes que nous rencontrerons.)

3° Demi-dînars :

2 gr. 04 (date inconnue).

2 gr. 12 (Abd-el-Malik ibn Merwan, 132).

2 gr. 08 (Isa ibn Abou Atha, 126-132 ?).

2 gr. 06 (Yézid ibn El-Hàtim, 145-151).

Dînars :

3 gr. 87 (date inconnue).

3 gr. 82 (date inconnue).

4 gr. 29 (El-Hasan ibn El-Houseïn ?).

3 gr. 97 (Malik ibn Delham, 192).

4° Fels :

15 qirâths, poids : 3 gr. 55 ; poids du qirâth : 0 gr. 197.
10   »   »   4   95   »   0   .198.
14   »   »   2   85   »   0   203.

(Ousâma ibn Zeïd, 96-99 ; provenance : Fayoum).

Le qirâth est égal à la kharoubat, qui est plus usitée dans nos verres.

13 kharoubats, poids : 2 gr. 600 ; poids de la kharoubat : 0 gr. 200.
25   »   »   5   15   »   »   »   0   206.
26   »   »   5   27   »   »   »   0   202.
30   »   »   5   84   »   »   »   0   194.
30   »   »   5   92   »   »   »   0   197.
32   »   »   6   22   »   »   »   0   191.
30   »   »   5   91   »   »   »   0   197

(Abd-el-Malik ibn Merwan, 132).

24 kharoubats, poids : 4 gr. 670   »   »   »   0   195.

(Abd-el-Malik ibn Yézid, 132).

30 kharoubats, poids : 5 gr. 910   »   »   »   0   197.

(Yah'a ibn Daoud, 162).

20 kharoubats, poids : 3 gr. 910   »   »   »   0   195.

(Mohammed ibn Amrou ?).

20 kharoubats, poids : 3 gr. 900   »   »   »   0   195.
20   »   »   3   900   »   »   »   0   195.

On voit que la moyenne du qirâth est entre 0 gr. 197 et 0 gr. 203, celle de la kharoubat entre 0 gr. 191 et 206. Quelques pièces étant usées, on peut considérer le poids normal du qirâth ou de la kharoubat comme approchant de 0 gr. 200.

Voici, en outre, les résultats fournis par les pièces de la collection Innès :

Demi-dînar d'El-Mansour, 2 gr. 40.

Fels des poids de 25 qiraths, 4 gr. 95 ; poids du qirath, 0 gr. 198.
Fels de 22 kharoubats, 4 gr. 40 ; poids de la kharoubat, 0 gr. 200.
Fels de 32   »,   6 gr. 24 ;   »   »   0 gr. 195.
Fels de 33   »   6 gr. 30 ;   »   »   0 gr. 190.

Pièce usée, où je crois distinguer 14 qirâths, 29 gr. 4, ce qui porterait le qirâth à 0 gr. 170. En tenant compte de l'usure de diverses pièces, on voit que la moyenne reste sensiblement la même.

Troisième série. — Des signes énigmatiques remplacent l'indication des poids et semblent être des chiffres.

Voici, par exemple, une inscription caractéristique :

على يدى عبد الجبار بن نصير مثقال فلس خروبه

Par les mains d'Abd-el-Djabar ibn Nasîr
poids d'un fels de kharoubats.

Le nombre paraît représenté par un signe rappelant le ٣ des chiffres arabes, mais la queue en est très oblique et toute au-dessous de la ligne. Au bas de l'inscription, une étoile entre deux croissants. Le croissant et l'étoile reviennent souvent dans les diverses pièces que nous avons déjà examinées. Ils semblent les emblêmes de l'exactitude et remplaceraient la mention واف Je n'ai d'autres raisons pour appuyer cette conjecture que le croissant qui s'adjoint à la formule الوفا شه dans les estampilles (V. plus haut, p. 717, 1ʳᵉ col.).

Quoi qu'il en soit, le signe précédent doit être quelque signe de numération. On sait que les Coptes, employés de tout temps dans les administrations financières, ont gardé un système de numération spéciale. J'ai donc cherché à comparer ces signes avec ceux que les Coptes emploient aujourd'hui encore. Je n'ai pu y reconnaître la moindre analogie. Une très lointaine ressemblance avec les signes de numération démotique me fait considérer comme vraisemblable que ces signes représentent la numération des premiers comptables coptes.

Dans cette hypothèse, la pièce que je signale pesant 5 gr. 85, le signe en question représenterait 30 (kharoubats). Le même signe, isolé, suivant le nom du fabricant, se trouve dans trois pièces de la collection Fouquet et une de la collection Innès, pesant 5.81, 5.81 5.80, 5.82. Ajouté à un autre signe affectant la forme d'un V, dont les deux branches sont recourbées, il se trouve sur trois pièces pesant 6.34, 6.40, 6.40; et correspondrait à 33. L'examen détaillé de ces signes présenterait sans doute quelque intérêt, mais nous entraînerait au delà des limites de cette étude. Je me contente d'en signaler la présence et l'interprétation qui m'en paraît le plus vraisemblable.

J'attirerai encore l'attention sur un signe affectant la forme d'un ‌ﺳ‌ médian, où, si l'on veut, d'un ω grec et qui dans une inscription semble substituée à un nom, tel que derham, dinar, fels, etc. La pièce est de la collection Innès.

Face :

بسم الله أمرالاميريزيد بن حاتم مثقال سم واف

Au nom de Dieu, ordre de l'émir Yezid ibn Hâtim, poids de ? (exact)

Revers, inscription circulaire effacée ; au centre :

صنعة دمل *Œuvre de Damal (?)*

poids : 2 gr. 95.

Faut-il lire ثلث « tiers? » Ce serait le tiers d'un poids de 9 grammes, ce qui ne correspond à aucun des poids que nous connaissons. Faut-il y voir, comme le poids de la pièce (un peu usée) nous y autorise, la moitié d'un derham de 6 grammes ? Je pose la question sans la résoudre (1).

Des pièces de forme semblable portent simplement un nom propre. D'autres de couleur en général différente, portent un nom propre entouré de la mention d'une année. Doit-on les ranger dans la catégorie des poids ? Quelques lettres mystérieuses qui rappellent exactement les lettres employées dans les formules magiques (2) me portent à les ranger dans une nouvelle catégorie que j'essaierai de déterminer en dernier lieu.

III

La troisième catégorie comprend des poids proprement dits, employés à peser des marchandises, particulièrement la viande. On y retrouve l'once et le ratl ou rotoli. De ces derniers, malheureusement aucun exemplaire n'est complet. Je mentionne seulement les pièces complètes, et quelques inscriptions intéressantes.

1° Disque plat et allongé, provenant du Fayoum demi-once (Ishaq

---

(1) Même particularité pour une pièce d'El Mahdi, poids 1 gramme 41. On pourrait y voir le tiers d'un dinar de 4 grammes 30.

(2) Voir, par exemple, Ibn Khaldoun, édition Boulaq, I page 426 à 439.

ibn Soleïman 177), poids 12.20. La faiblesse de ce poids est particulièrement remarquable. Le tableau donné par M. Sauvaire mentionne cependant une once de 23 grammes 1735 (d'après Jean fils de Sérapion). Cette demi-once y correspond vraisemblablement.

2° Plusieurs rondelles portant l'inscription, plus ou moins effacée : « demi-once » et pesant 15 gr. 50 à 16. Le tableau de M. Sauvaire donne une demi-once semblable de 15 gr. 26. D'autres pièces plus grandes pèsent 30 gr. 75. Les inscriptions sont illisibles, mais il est à présumer par le poids que ce sont des onces entières.

3° Plusieurs poids cylindriques ou cylindro-coniques, dont toutes les inscriptions sont effacées et donnent les poids suivants : 12 gr. 45 (comparez la demi-once du Fayoum), 24 gr. 81 (ce serait l'once complète), 14 gr. 57, 28 gr. 65, 55 gr. 40, 58 gr., 58 gr. 40. Ces derniers poids semblent être des divisions d'une once plus forte. Un fragment porte la date de l'année 105.

4° Poids affectant la forme d'un cube plus ou moins régulier, évidé au centre. Les plus petits sont complets et donnent les poids suivants : 31 gr. 10, 54 gr. 90, 89 gr. 80, 90 gr. 96, 93 gr. 20. Les plus grands portent la mention de ratl, avec le nom du fabricant, du gouverneur, etc. Aucun n'est complet. Je relève le demi-ratl, le ratl, le ratl pour la viande (اللحم) le rotoli de viande (رطل واف للحم) le grand ratl. Parmi les exemplaires de ce dernier, un présente seulement quelques cassures, que j'évalue à environ les 3/16 du volume total. Le poids en étant de 420 gr. 50, on obtient pour le poids total 518 gr. 40, qui est très rapproché du poids de 519 gr. 6862 donné par S. Bernard au ratl ziat (C. SAUVAIRE, *Tableau des poids*).

Deux de ces poids portent des inscriptions intéressantes, ainsi qu'un fragment de la collection Innès. J'en ai déjà parlé plus haut, je donne ici le texte complet.

1° Deux empreintes circulaires sur une même face portant :

مما أمر به عبد الله أبى (sic) اسحق الامام المعتصم بالله أمير المؤمنين

(Ceci est) de ce qu'a ordonné Aboul Ishaq l'imâm
El-Motassim Billah, chef des croyants

et   مما أمربه . . . . . موسى بن أبى العباس

De ce qu'a ordonné..... Moussa ibn Aboul Abbas.

Nous avons dit plus haut qu'au témoignage formel d'Aboul Mahasen, El-Motassim s'attribue la direction des finances. Il est remarquable que le nom de l'émir se trouve ici réuni à celui du khalife. Ce Moussa eut, d'après Aboul Mahasen, les revenus par intermittence وجمع له الخراج فى بعض الاحيان (1). Ce fragment de poids représente donc une période de transition, dans laquelle le nom de l'émir est encore mentionné ; plus tard, le nom du khalife seul est marqué.

Notons, en passant, ce titre d'*Imâm* pris déjà par El-Motasim, qui est le huitième khalife abasside. Ce titre d'*Imâm* ne se trouve guère que chez les derniers khalifes, comme par une imitation des khalifes fatimides. Ces derniers sont, en effet, appelés par quelques historiens arabes : les khalifes qui furent en même temps *Imams*. Cependant on le trouve sur les monnaies d'Al Mamoun, prédécesseur immédiat d'El Motasim.

2° On trouve ce même titre dans un fragment de la collection Innès, déjà mentionné.

Sur une même face, deux empreintes carrées, dont l'une empiète sur l'autre, et semble postérieure :

أمر أبى جعفر أمير المؤمنين فى سنة . . . . . وعشرين ومائتين

Ordre d'Abou Djafar, chef des croyants en l'an 227 ou 228 ou 229

امر الله بالعدل والوفا مما أمر به عبد الله هرون الامام الواثق بالله أمير المؤمنين أطال الله بقاه بسم الله

Au nom de Dieu. Dieu a ordonné la justice et l'exactitude. Ceci est de ce qu'a ordonné le serviteur de Dieu Haroun l'imâm El Wâthiq Billah, chef des croyants, que Dieu prolonge sa durée.

Y a-t-il dans cette variante de la formule religieuse أمر الله بالوفا une allusion aux exactions et malversations des administrateurs financiers qui ont dû, vraisemblablement, provoquer la main mise directe des khalifes ? Au risque de paraître un peu raffiner je pense qu'une variante dans cette formule que je retrouve si souvent ne doit pas être absolument fortuite.

(1) I, 632.

3° Une troisième inscription vient encore nous fournir un détail historique malheureusement incomplet :

أمر الأمير . . . والأمير يزيد بن عبد الله مولى أمير المؤمنين اطال الله بقاءهما

Ordre de l'émir… et de l'émir Yezid ibn Abdallah, affranchi du chef des croyants, que Dieu prolonge leur durée.

Le nom du premier émir m'échappe; celui du second est connu par Aboul Mahasen (I .740), qui spécifie que c'était un affranchi كان من الموالي. Il gouverna en 242, sous le khalife El -Motawakil. Mais celui-ci, vers la fin de son règne, avait constitué l'Egypte en une sorte d'apanage de son fils (1), qui fut plus tard khalife sous le nom d'Almountasir. C'est lui qui nommait les gouverneurs d'Egypte. Il me paraît donc évident que le nom du premier émir est celui d'El-Mountasir. Je proposerai donc, par conjecture (car l'émail du verre rend l'inscription difficile à bien distinguer) : أمر الأمير محمد ولي عهد الخ « ordre de l'émir Mohamed, héritier présomptif etc.» Le mot أمير المؤمنين serait le génitif à la fois de مولى et de ولي عهد.

Il est à remarquer que, dans une autre inscription, le nom de l'émir Abd-el-Wahid ibn Yahia, qui fut nommé en 242 par ce même El-Mountasir, est seul. C'est donc une innovation que la réunion de deux noms. Et cette innovation n'indiquerait-elle pas qu'El Mountasir, non content d'une prérogative purement honorifique, prétendit avoir une part directe au maniement des affaires? El Mountasir était pressé de jouir du pouvoir et ne devait pas reculer devant le parricide pour en jouir plus tôt. Une tentative d'usurpation n'aurait rien de surprenant. L'historien, que je suis ici, ne l'affirme pas, mais il mentionne que peu de temps avant 247, El-Motawakil avait retiré à son fils le gouvernement d'Egypte pour le donner à son vizir El-Fath. C'est à cette mesure que répondit probablement El-Mountasir par le double assassinat de son père et du vizir rival. D'un autre côté, si El-Motawakil avait destitué son fils, c'est que celui-ci avait dû manifester quelques velléités d'indépendance et c'en était un que de marquer son propre nom sur les poids égyptiens, puisque nous avons déjà vu que c'était, chez plusieurs khalifes, un signe d'administration directe des impôts.

(1) فأما المنتصر فأقطعه (المتوكل) أفريقية والمغرب كله Ibn Al Athir, édition Tornberg VII. 33.

IV.

La quatrième catégorie comprend : 1° des pièces d'une signification indubitable ; 2° des pièces dont le caractère est plus incertain ; 3° des pièces dont le caractère, trompeur au premier abord, m'a paru déterminé par des considérations d'un intérêt historique tout spécial.

La première série est composée d'amulettes ou pièces à formules religieuses, servant peut-être d'ex-votos.

On sait le grand usage que font les musulmans de pierres gravées avec inscriptions religieuses, auxquelles ils prêtent des propriétés mystérieuses. Reinaud a consacré une étude fort complète à la description de ces pièces, simples cachets ou amulettes (1). L'une de ces pièces (n° 120) est précisément en pâte de verre, comme celles que nous décrivons. D'ailleurs, quelques-unes portent des formules très significatives. En voici quelques-unes :

احمد الله

Je loue Dieu !

ربى الله بسم الله

Au nom de Dieu ! Mon maître est Dieu (2)

استودعته الله

Je l'ai confié à Dieu.

Cette dernière formule suivie du nom propre باشر Bâchir ou يانس Yânis, est gravée sur le fond d'une empreinte triangulaire sur trois verres, l'un blanc, les deux autres d'un bleu très brillant. Tous trois proviennent du Fayoum. Je ne serais pas éloigné d'y voir des sortes d'ex-votos. D'autres pièces en grand nombre portent deux triangles croisés, formant un hexagone étoilé. C'est l'emblème du sceau de Salomon, comme on peut le voir dans l'ouvrage de Reinaud. On y remarque souvent deux signes qu semblent arabes et qu'on peut lire اٰ اٰ, ٮٮ, اٰ اٰ, ٮٮ. Le nom de اٰ اٰ rappellerait une déesse chaldéenne. Les superstitions astrologiques

---

(1) REINAUD, *Monuments arabes, persans et turcs du cabinet Blacas*, tome second.

(2) *Collection* INKÈS. استحرت بالله تعالى *Je me livre entièrement à Dieu. Qu'il soit exalté.* Variante de la formule bien connue توكلت على الله

viennent pour la plupart de Chaldée. En serait-ce une réminiscence? Le nom de ﺏﺎﺑ rappellerait un dieu infernal égyptien. En tous cas, le caractère cabalistique de ces pierres est indéniable (1).

D'autres encore portent un carré à neuf ou douze cases, rappelant les carrés cabalistiques. Dans ces cases il me semble voir la trace de chiffres ou caractères magiques qu'on trouve d'ordinaire dans les amulettes en pierre ou en métal de cette espèce.

Une formule définitivement probante est celle-ci. Au centre de la pièce est écrit : ﺣﺮﺰ *Protection,* autour : ﻓﺴﯿﻜﻔﯿﻜﻬﻢ ﺍﻟﻠﻪ *Certes Dieu te suffira contre eux.* J'emprunte à Reinaud le commentaire de cette formule (II. 236). « C'est un passage du Coran. (Sourate II verset 138). Les musulmans s'en servent de préférence contre la malice de leurs ennemis. Ils croient qu'il suffit de l'avoir sur soi pour rendre les anges et les génies dociles à ses moindres volontés ; et pour se mettre en sûreté contre les puissances de la terre et des enfers. Albouni assure que l'effet de ces paroles est plus rapide que le vent, plus prompt que la foudre ».

J'ajouterai que beaucoup d'autres pièces portent des inscriptions qui rappellent celles des formules cabalistiques, indiquées par les livres de magie, caractérisées par un trait horizontal au-dessus desquels sont tracées des lignes diverses, affectant en général la forme d'un ﺡ ou d'un ﺱ, mais surtout des traits verticaux. L'ensemble en rappelle vaguement le mot ﺍﻟﻠﻪ, surtout si l'on observe que, souvent, dans les inscriptions dites coufiques, entre les deux ﻝ du mot sacré, on aperçoit un ornement de fantaisie, rappelant souvent la forme d'un ﺡ. Ces caractères sont fréquents sur les coupes magiques. Quelle qu'en puisse être l'interprétation, ils ne peuvent avoir qu'une signification magique.

2° Faut-il y rattacher les pièces suivantes, caractérisées par un nom propre, comme ﻣﺤﻤﺪ, ﻋﻠﻲ etc., suivi soit d'une date, soit d'une formule dont le sens m'échappe en général? La première espèce semble plutôt se rattacher à celle des pièces de la deuxième catégorie des verres, qui sont des étalons de poids, portant simplement le nom du marchand, et qui porteraient ici, en plus, la date. Il est à

(1) Le hasard de mes promenades m'a fait rencontrer ces jours-ci ce sceau de Salomon, peint sur un mur, et à côté l'inscription ﯾﺎﻣﺤﻤﺪ ﯾﺎﺭﺏ *O maître ! O Mohammed !* Faudrait-il lir ﺏﺎﺑ en supposant sous-entendus les noms de *maître,* de *Mohamed,* ou tout autre ?

remarquer que la date, comme cela se présente dans certains cas, n'indique pas le siècle. Voici celles que j'ai relevées : « Omar, année 5 ; El-Fellah, année 5 ; Ali, année 24 (?) ; Mohamed, année 27 ; Mohamed, année 42. » Les noms de Mohamed et d'Ali sont fréquents dans les autres pièces et suivis de lettres ou groupes de lettres qui rappellent absolument celles que les livres de magie emploient, comme j'ai déjà eu l'occasion de le signaler. Je mentionnerai spécialement une pièce où le nom d'Ali est suivi d'un ح précédé d'une lettre sans point qui peut être un ب ou un ت etc... et des deux lettres ال. Je n'hésite pas à retrouver là les caractères magiques. (1) Les Alides ont, de tout temps, été adonnés aux pratiques de l'astrologie et de la magie.

3° Ceci m'amène tout naturellement à exposer avec quelque vraisemblance l'interprétation spéciale que je donne aux pièces fort nombreuses qui portent le nom des khalifes fatimides issus d'Ali, le gendre du Prophète.

Plus de trois cents pièces de divers formats portent ces noms. Ce sont ces pièces qui ont été connues les premières et décrites. Ces noms, en général isolés ou suivis seulement de quelque formule religieuse, quelquefois de la date, donnaient aux pièces les véritables allures de la monnaie, et la première explication donnée par les savants était toute naturelle. Rogers, le premier, en déchiffrant les pièces portant incontestablement mention de poids, a rectifié l'erreur. Mais, si nous devons renoncer à voir dans ces pièces des monnaies, il ne s'ensuit pas que toutes soient des poids.

Celles dont il s'agit sont de format et de poids absolument variables. Il en est de minuscules — quoique intactes — ayant, par exemple, 0 mèt. 012 de diamètre et 0 gr. 010 de poids ; d'autres de 0 mèt. 030 de diamètre et 0 gr. 700 de poids. Entre ces deux extrêmes, il y a une foule de termes moyens, et il est peu vraisemblable, en l'absence d'une mention précise, d'y voir des poids du genre des pièces examinées plus haut. De plus, nous avons déjà vu que le nom des khalifes fatimides est représenté par l'expression générale de الاجه sur les estampilles, où le nom individuel de ces khalifes n'apparaît jamais. Ceci rend très probable que les poids fabriqués sous ces khalifes devaient porter cette mention et non leur

<hr>

(1) Je répète qu'on les trouve dans Ibn Khaldoun I. p. 426 à 439.

nom (1). Il faut donc ranger dans la catégorie des pièces à inscriptions religieuses, toutes celles qui portent ces noms.

Nous n'avons pas de preuve que les khalifes fatimides aient fait fabriquer de ces pièces en leur honneur. Mais on sait qu'ils faisaient la plus active propagande en faveur de leurs doctrines, et un historien musulman, Ibn El-Djouzy, rapporte que les Carmathes, secte affiliée à celle des Fatimides, portaient comme signe distinctif une empreinte sur argile blanche, ainsi conçue : *Mohamed ibn Ismaïl l'Imam, le Mahdi, le favori de Dieu* (2). Précisément Obéïd-Allah, qui fit reconnaître son autorité dans le Magreb, en 296 de l'Hégire, se prétendait issu de ce Mohamed et revendiquait le titre d'Imam et de Mahdi. Si l'on se rappelle que les Egyptiens, comme nous l'avons montré, ont employé le verre au lieu de pierre ou de métal pour leurs amulettes, n'y a-t-il pas quelque raison de croire que, cette pratique se poursuivant, ces marques distinctives portées par les partisans de l'Imam, du Mahdi, pouvaient aussi bien être en verre ? Ce qui viendrait confirmer cette conjecture, c'est que ces verres sont surtout nombreux dans les commencements de la dynastie fatimide d'Egypte. Le lecteur s'en convaincra aisément par le tableau suivant :

NOM DES KHALIFES FATIMIDES			DURÉE DU RÈGNE	NOMBRE DES PIÈCES
El-Moïzz	(3)	358–365	7 ans	28
El-Aziz	(4)	365–387	22 »	20
El-Hakim	(5)	387–411	24 »	68
El-Thahir		411–427	16 »	22
El-Mostansir		427–487	60 »	53
El-Mostali		487–495	8 »	0
El-Amir		495–524	29 »	4
El-Hafidh		524–544	20 »	2
El-Thafir		544–549	5 »	1
El-Faïz		549–555	6 »	2
El-Adhid		555–567	12 »	3
			209 ans	203

(1) Nous avons mentionné plus haut un derham fatimide. L'inscription en est ainsi conçue :

بسم الله أمر آل محمد مثقال درهم ثلاثة عشرين خروبة

(2) DE GOEJE, *Mémoire sur les Carmathes et les Fatimides* (1886), p. 88.

(3) Désigné le plus souvent par le nom de Moad.

(4) Désigné le plus souvent par le nom de Naâr.

(5) Souvent accompagné de son héritier présomptif Abdel Rahim.

Ainsi, sur un total de 203 pièces, 12 seulement appartiennent aux six derniers khalifes, qui ont régné pendant 80 ans, et 191 aux premiers, qui ont régné pendant 129 ans. Une pareille disproportion est-elle due au hasard? Ne s'explique-t-elle pas manifestement par ce fait que la propagande fatimide s'est naturellement ralentie, une fois la dynastie définitivement établie dans le pays. La proportion la plus forte est en faveur du premier khalife. Rien de plus naturel. Puis vient El-Hakim, qui n'est que le troisième, mais qui, plus que tout autre, fut le propagateur ardent des croyances chiîtes, qui se fit passer pour Dieu et adorer, et dont le culte est encore aujourd'hui celui des Druses. Il y a là des coïncidences qui, à elles seules, ne pourraient justifier ma conjecture, mais la corroborent singulièrement. Faut-il ajouter que vers la fin du règne d'El-Mostansir, une secte rivale, celle des Assassins, s'élevait en Syrie? Le grand-maître des Assassins se posait aussi en Imàm, et la propagande fatimide reçut, en Syrie surtout, un grave échec par l'invasion des Croisés. De là, le peu de fréquence de ces pièces, fabriquées par les initiés dans la période de décadence, leur grand nombre au moment de la prospérité (1).

La question ainsi posée, je mets sous les yeux du lecteur un passage de Makrizi, que je suis le premier, si je ne me trompe, à signaler. Voici le texte de l'édition de Boulaq (2) :

(سمناي) قرية من قرى تنيس غلبت عليها بحيرة تنيس فصارت جزيرة فلما كان فى شهر ربيع الاول

سنة سبع وثلثين وثمانمائة كشف عن حجارة وآجر بها فاذا اعضادات زجاج كثيرة مكتوب على بعضها

اسم الامام المعز لدين الله وعلى بعضها اسم الامام العزيز بالله نزار ومنها ما عليه اسم الامام الحاكم بأمر الله

ومنها ما عليه اسم الامام الظاهر لاعزاز دين الله ومنها ما عليه اسم المستنصر وهو أكثرها أخبرنى

بذلك من شاهده ورآه

(Samanâî) un des villages (du pays) de Tinis. Le lac de Tinîs l'avait envahi, et il était devenu une île. Or, en rebî premier de l'an 837, on fouilla les pierres et les briques qui s'y trouvaient; et voici qu'il y avait des piliers (?) de verre en

(1) Notons, en passant, que cette considération vient contredire formellement l'assertion de Marcel (*Hist. de l'Egypte*, p. 139, note 2) qui affirme que ces pièces étaient des assignats en verre fabriqués au moment de la ruine des Fatimides. A ce compte, c'est précisément le contraire qui devrait se présenter, les pièces devraient être contemporaines des époques de misère; cela est évident.

(2) I. 181, fin de la page.

*quantité : sur les uns était écrit le nom de l'Imâm El-Moizz
lidin Allah, sur d'autres, celui de l'Imâm El-Aziz Billah,
Nazâr. Il y en avait avec le nom de l'Imâm El-Hâkim, biamr
Illah, avec le nom de l'Imâm El-Thahir liizâz din Allah, avec
celui d'El-Mostansir. Ces derniers, les plus nombreux. Je tiens
cela de gens qui ont assisté à la chose et l'ont vue.*

Il est impossible de douter un moment de l'identité de ces objets
avec les pièces que nous décrivons. Comme celles dont parle
Makrizi, les pièces de nos collections ont été trouvées dans des
décombres, au milieu de fragments de verre, de pierres, etc.;
comme elles, elles s'y trouvent en grandes quantités, et il est à noter
que Makrizi ne mentionne que le nom des six premiers khalifes. Là
encore c'étaient les seuls — ou au moins à fort peu près les seuls —
dont les noms fussent écrits. Toutes ces circonstances prouvent
surabondamment que Makrizi a eu en vue des pièces identiques.

Comment les nomme-t-il ? Makrizi a été mohtesib au Caire, et
c'était un homme d'une vaste érudition. Si ces pièces avaient eu le
moindre rapport avec des poids et mesures, comment l'eût-il ignoré ?
Comment expliquer l'étonnement que décèle la phrase finale ?
Évidemment ces pièces avaient pour Makrizi une signification anor-
male. Il ne connaissait rien de semblable. Or, je le répète, il
n'aurait pas témoigné la moindre surprise si ces pièces ayaient été
des poids ou monnaies. Supposer qu'il ignorait leur destination est
peu vraisemblable pour qui sait l'étendue de connaissances que
révèle son ouvrage sur l'Égypte.

Étudions donc de près le mot par lequel il désigne les pièces en
question. Le mot عضاد n'est et ne peut être qu'une faute de copiste.
Il n'a d'autre sens que celui de piliers, de jambages (de porte) (1).
Quel rapport, même lointain, peut-il y avoir entre ce mot et les
pièces qui sont de petits disques de verre de trois centimètres de diamètre et de cinq millimètres d'épaisseur au plus ? Quelle apparence,
d'ailleurs, qu'on ait trouvé un si grand nombre de *piliers* en verre ?

(1) M. H. Derembourg me signale dans le dictionnaire de Lane le sens « d'amulettes portées au bras » pour عضاد dont عضادة serait le nom d'unité, M. Barbier de Meynard attribue-
rait à عضادة le sens de « règles ». Dans l'un et l'autre cas, le mot ne me paraît pas
convenir exactement à la chose décrite.

Les difficultés de l'écriture arabe sont assez connues, l'ignorance ou la négligence des copistes donnent si souvent des leçons manifestement erronées, que je me crois absolument autorisé à lire un autre mot, plus conforme à la réalité.

Pour quiconque a la moindre pratique des manuscrits arabes, il est indéniable que ل le et le د peuvent se confondre. Ils ne se distinguent que parce que le د reste presque tout entier au-dessus de la ligne, le ل au-dessous. Mais cette différence disparaît quand la lettre est isolée et que la ligne d'écriture n'est plus apparente.

Dans ce cas, le trait de *calam* est absolument le même, et dans une écriture un peu rapide, la seule différence que j'ai indiquée disparaît totalement. Comme les autres lettres du mot غضادات ne sont pas susceptibles d'altérations semblables je propose la lecture غضارات qui ne diffère de la première que par un point sur le غ (qui a parfaitement pu être omis) et la substitution du ل au د. Je répète qu'une telle lecture est parfaitement compatible avec ce que tout le monde sait des imperfections de l'alphabet arabe. Il ne reste plus qu'à savoir si elle donne un sens parfaitement acceptable.

غضارة est, au dire de tous les dictionnaires arabes, une amulette en argile, qu'on porte pour se protéger du mauvais œil. Ces amulettes en argile ne rappellent-elles pas les pièces en argile, en usage chez les Carmathes? Si ma lecture est exacte, Makrizi a vu dans ces pièces des amulettes, qu'il spécifie être de verre (d'ordinaire elles étaient en argile), et ce texte d'un homme compétent viendrait ainsi confirmer d'une façon absolue les déductions que j'ai tirées de la simple étude de ces curieux documents.

Je n'ai pu, malgré mes recherches, retrouver le manuscrit, sur lequel a été faite l'édition de Boulaq.

D'ailleurs, la faute du scribe peut parfaitement être dans le manuscrit original, sans infirmer ma leçon. Je compte, dans un prochain voyage à Paris, collationner les divers manuscrits de la Bibliothèque nationale, et, si je suis dans le vrai, je trouverai certainement la confirmation de mon hypothèse. En tout cas, on reconnaîtra qu'elle substitue à un mot dépourvu de sens une expression parfaitement d'accord avec tous les détails que j'ai donnés, qu'elle ne prête pas à Makrizi une ignorance étrange en des sujets de sa compétence, et qu'elle n'a contre elle que la lecture de manuscrits

dont les copistes peuvent être plus aisément taxés d'ignorance.
Obligé d'accuser ou Makrizi ou le copiste, on me permettra de ne
pas balancer un instant.

Je crois donc pouvoir affirmer hardiment que toutes les pièces de
verre portant le nom d'un imâm fatimide étaient des amulettes ou
des marques distinctives employées par les affiliés aux sectes alides et
que l'emploi du verre est parfaitement justifié par l'usage si répandu
en tout temps dans l'Egypte de cette substance. L'Egypte est la
terre classique du verre, et il n'y a qu'à fouiller les décombres de
Fostat, pour s'assurer que cette industrie n'a pas périclité chez les
Arabes. Au moment de la plus grande splendeur des Fatimides.
Nassiri Khosrau en avait été frappé (1) : « On fabrique un verre
transparent et d'une grande pureté qui ressemble à l'émeraude : on
le vend au poids. » De ce verre qui rappelle l'émeraude nous avons
d'innombrables échantillons. Évidemment c'était chose commune.

Je terminerai cette étude par la mention de deux particularités
curieuses. J'ai dû laisser de côté bien des points que je n'ai pu éluci-
der, tant l'étude sérieuse de ces petits documents suscite de problèmes
nouveaux. J'ai voulu seulement faire part au lecteur des résultats
que je crois avoir obtenus en quelques cas. Je me contenterai de mettre
encore sous ses yeux deux pièces, que je ne sais comment classer.

1º (Collection Fouquet). Fleur de lys, à côté est écrit ـعـ Omar.
Semblable pièce est mentionnée par Rogers bey. (Mémoire de
l'Institut Egyptien, Décembre 1880, page 105), verre noir — la
pièce étant cassée en partie, je ne puis en donner le poids.

2º (Collection Innès). Un lion rampant, rappelant le lion de
Bibars. Semblable pièce est également mentionnée par Rogers bey
(même mémoire, page 110); verre noir, — la pièce est également
cassée.

On voit donc le verre employé à des usages fort divers : estampilles, poids, amulettes, objets de fantaisie, etc. C'est une particularité intéressante de l'histoire de l'industrie arabe sur le sol
d'Egypte, que je crois avoir mise bien en lumière, et elle permet de
voir dans ces pièces de véritables documents historiques d'une
incontestable valeur. Si les historiens et les archéologues en

---

(1) SEFER NAMEH, page 152 (traduction SCHEFER).

peuvent tirer profit, je ne regretterai pas le temps consacré à de laborieux déchiffrements, et à l'aride travail d'un minutieux classement.

Caire, le 12 mars 1891.

CASANOVA.

www.ingramcontent.com/pod-product-compliance
Ingram Content Group UK Ltd.
Pitfield, Milton Keynes, MK11 3LW, UK
UKHW021649090726
13657UKWH00004B/1848